JN418171

당신의 숲

당신의 숲

박후식 시집

月刊文學 출판부

여섯 번째의 시집으로
『당신의 숲』을 내놓는다. 숲도 숲 나름이지만
당신이 나에게 준 숲은 유일한 의미를 갖는다.
누구나 작업을 마치면 작은 선박처럼
자기만의 항해 길을 떠나야 한다.
그 길이 처음의 길일지라도 낯선 길일 수는 없다.
그것은 당신이 나에게 준 마지막 사랑의 충고요
그 우정은 이 세상에 와서 알게 된 가장
아름다운 언어로 기억되고 있음을 나는 믿는다.
『당신의 숲』이 꼭 당신의 산책길에도
오래 함께 했으면 싶다.

2019년 12월
박후식

차례

2

3

4

1

산소리 그 물소리

정작 그 소리 잊고 살아왔음이
잊고 살아옴조차 까마득히 망각해버린
내 고단한 삶이여 하찮은 사고여
새벽의 미명을 딛고 달려오는 아스라한 소리
아무도 멈추지 못하는 그 소리
그 소리 머리말에 끼워두고 잠 못 이루던 숨바꼭질이여
깊고 깊은 골짜기 어디인지 모르는 먼 곳에서
처음으로 시작하는 소리, 그 물소리
꽃봉오리 피명으로 가슴 부풀리는 소리
나무들 사방에서 옷 걸치고 하늘 오르는 소리
그 소리 잊고 있었네
잊은 줄도 모르고 살아왔네.

버드나무

무겁지도 가볍지도 않아 보인다
참 평화롭다, 잃어버린 고향의 모습이 저러하던가
나무와 하늘이 같은 색깔로 어우러져 있다
하늘을 향해 뻗어가는 나무의 일상
그 많은 잎사귀들이 가족처럼 어울려 한 나무 안에 모여 있다
서로의 마음을 하나로 포개고 포개고서야
그리움이라는 고향 나무가 되나 보다.

먼 곳

원두막에 올라서면 먼 곳이 보인다
저물어가는 해의 모습이 보이고 가버린 세월이 보이고
처음으로 사랑했던 사람의 얼굴이 보인다

한 번도
사랑이란 말을 못 해
더더욱
아름다운 사람
그리운 사람

그 끝엔 마을이 있고
일몰 같은 도랑물이 있었지.

산비둘기

다시 봐도 평화롭다
하나가 내리면 다른 하나도 내리고 하나가
날아오르면
다른 하나도 따라 오른다

어느 쪽이 날아야
뒤따라 날까

도시공원 쉼터에 나와 있으면
산비둘기들 다정한 연인처럼 다가와 먹이를 청한다
암수가 돌아가며
구애하듯 눈망울을 굴린다

손을 내밀면
갸우뚱 물러선다.

기다린다는 것

누군가를 기다린다는 것
기다리며 산다는 것
그게 어디 마음처럼 쉬운 일이던가

세상에 왔다가 한 번 사랑했으면 됐지
풀잎 이슬처럼
눈물 그었으면 됐지

근데 뭘까, 해마다 서로 다른 먼 곳에서 찾아와
그들만의 해변을 걸었지
저녁 해가 이슥토록 걷고 걸었지

그러다가 떠났지
그들이 남긴 발자국도 파도에 쓸리어
가고 말았지 누가 써놓았을까
'바다는 기다림' 이라고.

당신의 숲

친구가 오솔길에 남겨둔 친구만의 글입니다
'오늘도 나는 당신의 숲을 걷고 있습니다.'
나는 친구의 글을 읽는 순간 문득 전율하고 말았습니다.
유난히 먼 겨울날의 밤별 같던 아스라한 친구가
나에 대한 경고로 적어놓은 글임을 알기 때문입니다.
젊던 시절 논산훈련소에서 첫 만남으로 알게 된
육주간의 희와 비, 사랑과 인내, 젊음과 동경이 오가던
나는 그때 이십대 중반을 조금 넘긴 정확히는
가진 것이 너무 빈약한 스물여섯 살 때의 일이고
친구는 이십대 중반에 가까이 와 있는
대학 3학년 때의 아주 먼 1960년의 일이었지요.
친구는 한 차례 휴학을 하고도 부족해 끝내
군대를 자원했고 나는 다행히 대학을 갓 졸업하고
고등학교 교사로 재직하다 군에 입대하게 되었지요.
친구는 학보로 나는 교보로 인연을 함께 했지만
훈련을 마치고 서로 다른 전선으로 갈라져 헤어졌지요.
그리고는 군영의 달빛처럼 멀기만 했는데
휴가길 어느 가을날 버스 휴게소 화장실에서 우연히도
정말 우연히도 잠시 잠깐 부둥켜안고 등을 두드렸는데

지금은 팔십을 넘긴 너무도 긴 다리를 넘고 와보니
세상이 너무도 인정머리 없이 변화만 거듭할 뿐
경기도 어디선가 목사로 퇴임했다는 어설픈 소식 너머로
세상 따라 골목길 물정 따라 다 잊고 살았음인데
'오늘도 나는 당신의 숲을 걷고 있습니다.'란
친구의 귀엣말이 혼의 깊은 곳에 간절히 다가와서는
강물아 세월아 하고
아프도록 가슴을 흔들어 놓고 가네요.

어느 여름날

내려다뵈는 주차장 열기가 불지옥이다
이열치열이라지만 한여름 날씨에 비길 바 아니다
오늘이 초복이고 대학도 방학이어서
큰딸 내외를 집으로 불렀다
동네 삼계탕집을 찾았다가 바깥부터 만원이어서
되돌아왔다 고려조라는 다른 집을 찾았지만
그 곳은 비껴나갈 공간조차 없었다
먹는다는 일이 이렇게
붐비는 대사인 줄 몰랐다

추억이 하나 생각났다
까마득한 중3 때의 일이다 6·25가 끝나고
마을은 핍박할 대로 핍박했다
그 어렵던 시절 한 부자 아저씨가 우리 동네로 이사와
대궐 같은 한옥을 짓고 새장가를 들었다
'예쁘다는 우리 동네 처녀와 말입니다'
기억에 남는 건 그 뚱뚱한 아저씨가 한쪽 다리를
저는 것이었고 주재소*에서 내준 장총을 메고 절름거리며
'출입했던 기억입니다'

그 아저씨 딸이 도시의 한 여고를 다녔는데
동네 사람들 하고는 통 말을 나누거나
인사한 적을 보지 못했지요
방학 때면 바람처럼 스쳐가는 그 교복의 소녀가
전쟁의 아픔처럼 가시지 않고 남아있음은
어릴 적 고향마을이 주고 간 나만의 슬픈 기억이지요.
지금쯤 어느 하늘 아래 나처럼 늙어있을
그래도 일말의 소망은 어디선가 예쁜 황혼으로
살았으면 하는 바보 같은 바람 말입니다
그립다 그리고 슬프다 모두를 다시 쓰고 싶다
고향의 하늘아 마을 들녘아.

* 경찰서 지서를 그때까지도 그렇게 불렀다.

변두리 길

비 오는 날
변두리 길에는 낭만이 있다

사랑해 보지 않은
사람은 모른다

하얀 우산 밖으로
살짝 내민 어깨에 빗방울이 튕기면
그만큼의 크기로
사랑의 무게가 얹힌다

사랑의 손길이
잠시 앉았다 떠나는 무게
첫사랑 같다.

빈집

고된 세월의 그늘을 뒤에 두고
누군가가 걸어 나온다

슬픈 빈집이
울먹이며 따라 나온다

발가벗은 아이가
뒤따라 운다
아무도 없는 빈집이 어디론가 간다
모두들 따라 간다

깊은 산간에 낮닭 우는 소리
왕매미 우는 소리 물 흐르는 소리

그린 것 다 세사리에 두고
누군가가 걸어 나온다.

소나무

내 어릴 적
보릿고개 나이를 열 배쯤은 더 먹고서도
아직도
혼자 서 있다

학교 파하면
소를 몰고 오르던 친구 같은 소나무
지금도
혼자 거기 있다

산마루
늙은 그 소나무.

입춘

여보게, 석산!
양지바른 햇살처럼 푸드득 털고
일어서야 하지 않겠나
오늘아침 이천 팔 년의 로고가 새겨진
석산의 고희기념 타월을 꺼내 쓰면서 생각했네
십 년이 엊그제 같다고

돌아보면 아카시아 숲 우거진 성당 길
비탈진 하숙방에서
백열등 하나에 불나방처럼 머리를 맞대고 동고동락하던
까마득한 시절의 그때가
왜 자꾸 그리워지는지 모르겠네
입춘치 때문일까.

귀경길

추석 절에 내려왔다가
새벽에 떠나는 샐러리맨의 길
나도 저맘때 고향집 찾았다가 마을 모퉁이
쇠한 어머니 모습
돌아보고 돌아보길 몇 번이나 했지

아이들이 돌아가는 새벽길
아파트 출입문 앞에서 연신 손을 흔들며 떠나보냈네
보내고 돌아서다 문득 우리 부부 새벽하늘에 기운
어머니 같은
쇠한 보름달을 보았네

너 거기 있었구나 하신 듯 환하게 웃는
정말 내게도 오랜만의 일이었네.

돌산 찻집에서

절벽을 타고 내려가면
바닷물이 깎아 만든 오목한 곳에
잠들지 않은
찻집 하나 있었지

어둔 밤 단절과 두려움으로
잠을 설쳤거나 파도치는 무변 앞에서
한 줄기 빛살로 긴 밤을 헤맸을
아침 바다를 보며

따끈한
차 한 잔을 마신다

좁다면 좁고 넓다면 넓은
치 힌 긴의 비디
아무도 들지 않은 작은 두 무인섬을 앞에 두고
차 한 잔을 마시는 돌산 찻집.

말의 속성
—그러게요

우리들이 주고받는
말 가운데는 의외로 의례적이거나
함의적인 색깔을 가진 말들이 적지 않지
말하자면 '그러게요' 처럼
쉽고 편안하게 쓰는 말인데도 얼마쯤은 우리를
예답게 하고 의례적이게도 하지
그런데 이 과분한 언어의 세련미가
전라도 말씨는 아닌 것 같고
더더욱 함경도 말투는 더 아닌 것 같은데
구수하고 영민한 이 긍정 넘치는 말이
우리를 갸우뚱하게 하는 사이
강물 줄기는 또 어디쯤 가고 있겠지

아니나 다를까
그 영민한 물줄기는 산촌이거나
아니면 도읍을 낀 강촌이거나
그것도 아니면 개발 포구 석양술집에 이르러서는
괜히 흉이 될까 말로써 말이 될까 싶어
허튼 소리를 내거나 어눌한 말은 쓰지 않지

조심조심 걸어 나오지
결국 '그러게요'는 저녁 바닷가를 맴돌다가
아무도 없는 어디론가 빠져나가지
참, 묘한 속성을 지녔지.

경우의 한계
—시답잖은

살다보면 시답잖은 경우가 있지
그게 어디 어제오늘의 일이냐고 항변할지 모르지만
많이는 아니다 싶고 더러는 안됐다 싶다가도
배포 큰 아저씨 담배꽁초 뭉개듯 밟아버리는 경우가 많지
얄밉고 괘씸하고 못돼도 한참 못됐다 싶지만
그걸 또 따라하듯 하는 걸 보면
어디 그게 시답잖은 일이지 사람의 일이던가

지하철을 타다보면 아찔할 때가 있지
오르고 내림이 치밀한 기계의 작동이라 생각하다가도
그 틈사이로 무거운 보따리를 손수레에 꼭꼭 묶고 밀다가
끌다가 화살표 방향으로 찾아가는 걸 보면 용키도 하지
어쩌다 한 자리 생기면 환한 미소로 인사하고
피로를 푸는 희끗한 할머니
거기에는 삶뿐 아무것도 없지

읽다보면 시답잖은 경우가 있지
시와 비시가 어디쯤서 갈라지는지 몰라도
가슴에 물방울 튕기며 슬며시 다가와 안기는 경우가 있지

그것이 어찌 비전문가만 느끼는 파장일까 하다가도
건물 꼭대기에 매달린 새마을 깃발을 보면
그게 어디 관공서에서나 있을 일이지 하고
시답잖은 생각이 들 때가 있지.

두루미

명배*가 갔다
천안이 텅 비었다

그가 좋아하던
백두루미가 목천(木川)에 날아와
하늘 푸른
청솔가지에 앉는다

여름이
가고 있다.

* 시인 김명배, 천안 출신이다.

미루나무

그러려니 하다가도 문득
밀려오는 공허가
공허의 끝이 결연해 보이는 겨울 미루나무가
잃고도 잃음이 없는 의연함으로

빈 하늘을
헤엄치며 가고 있다

겨울이면 혼자인 미루나무는
공허의 한 끝을 잡고 있는 내 손끝 떨림처럼
세상을 붙안고
자맥질하며 있음인가

나무야 겨울 미루나무야
아무도 없는 마을 입구에서 집 떠난 친구를 그리는
어릴 적부터 기다림과 우정을 함께 해 온
황톳길 오랜 벗 나의
미루나무야.

낙엽

항해를 마치고 집으로 가고 있다

동력이 떨어져 잠시 들른 포구마을이 영 잊히지 않는다

사람들이 손을 흔들어 주었다

멀리서 섬마을이 깜박이며 있다

등잔불이 그립다.

사랑하는 사람들

어제가 다르고 오늘이
다르다는 말이 거짓은 아닌 성싶다
가을 나무들은 아직 물들지도 않았는데 쇠한
가을 잎이 먼저 날아와 소식을 전한다
서울에서도 대전에서도 속초에서도 떨어져나간다
가을에 앞서 떠나는 가을 잎은 가을 나무 숲길이 좋은 것일까
낯선 문자가 무작위로 내려와 손전화기에 꽂힌다
사랑하는 사람은 이름밖에 모르는데 문지방까지 찾아온
가을 문자가 고개도 들지 않고 쓰러져 있다
쓰러진 가을 잎이 슬펐다
가을 시인은 가을 잎 밤차를 타고
말 없음…, 하고 떠남인가.

지구의(地球儀)

텔레비전 옆에 둥근 지구본이 놓여있다

이따금씩 돌려보고 돌려본다

그때마다 아시아의 동쪽 한 끝자락에 나는 서 있다

작아서 슬픈 나라

갈라져서 슬픈 나라가 있다.

2

입춘 길목에서

누군가 입춘 길목에서
봄기운 한 숨통 크게 들이마시고는
이것이다 싶어 푸욱
내리 뱉더니
마을회관 대문짝에 입춘대길이라 후닥닥 써 붙이고는
곧장 저수지 쪽으로 달려가는 것이 아닌가

그러더니 저수지 높은 둑에 올라
동네방네 다 불러놓고
국태민안이라, 국태민안이라 소리소리 몇 번을 외치더니
저수지 수문통에
슬쩍 입춘 쪽지 던져두고
부챗살 흔들 듯 떠나는 것이 아닌가.

풀향기

좀 쉬었다 가자
올라온 길이 너무 멀구나

유채꽃
한창인
저 아랫마을을
보아라

모여 사는 집들이
풀향기처럼 곱지 않으냐.

봄비

새벽부터 내리는 봄비가
남도민요가락 같다
기와집 돌담을 넘어오는 소녀의 발자국 소리 같다
비 묻은 돌담을 미끄럼타지 않고
구슬 굴리듯
넘어오는 발자국 소리

한사코 넘어오는
발자국 소리는 소녀를 닮은 샛길들을 다 불러놓고
문이 열리도록 저리 가득 채운 걸 보니
그녀의 발자국 소리는
이 세상 처음부터 봄비로
젖어있었나 보다.

슬픈 목련 · 1

어느 이른 봄날에 그 따뜻했던 강촌에
작은 손가락 꼭 끼고 우리 건너던 징검다리
지금은 가고 없는 먼 옛날의 슬픈 목련아
사랑을 일깨워준
나의 소녀야

어느 이른 봄날에 그 따뜻했던 산촌에
당신이 있어 평화롭던 하얀 집 우리 그리운 곳
지금은 가고 없는 먼 하늘 슬픈 목련아
사랑을 가르쳐준
나의 여인아.

슬픈 목련 · 2

목련이 많이 상해 있다
목련 같지가 않다
어제와 오늘이 한 세상만큼 멀기만 하다
처음엔 하얬는데 지금은 누룩빛이다
도심의 자투리공원에 불려나와 들러리로 서 있다
계절을 잊은 채 남의 옷을 입고 누렇게 문드러져 있다
돌아보면 골목길 돌담 빈터에
가득한 눈빛으로 가슴을 풀어놓은 달빛 여인이여
물 건너에 집을 두고 깊은 나락에 빠져있다
목련이 목련을 닮지 않았다
봄이 오는 길목에서 흙 묻은 손을 털고
누군가 돌아서 하늘을 보고 있다.

슬픈 목련·3

한 번쯤 생각해 보았는가
집 떠난 슬픈 목련 말일세
별일은 없겠지 하면서도
뒷동 아파트 3층 높이까지 커버린
슬픈 중년의 목련을
나는 며칠째 유심히 바라보았네
바라보고 또 바라보았네

그런데 목련이 목련 같지가 않네
허리끈을 졸라맨 새댁처럼
한없이 곱던 그 결연한 아름다움이
몰라보게 찌들어 있네
꽃망울 하나하나가
몸살을 피우며 멍들어 있네
집을 떠난 목련아
그리움을 도려낸 슬픈 여인아.

망초

중학교 후문 담장 길에
가녀린 목 쳐들고
보란 듯이 한 번은 꼭 봐달라는 듯이
아침햇살에 흔들리는 망초
망초야 애기망초야
한 뼘도 못된 작은 것이
구름 꽃 피워놓고
애기가 애기를 업고 있듯이
연신 웃고만 있는 것이냐
나는 오늘도 지각생처럼 늦은 아침을
데리고 공원길을 오르는데
망초야 자리 잡을 데가 없어
후문 길 비좁은 시멘트 블록 틈에 끼어
꽃 피우고 있는 것이냐
작은 것아, 작아서
예쁜 것아.

민둥산

내 소년 시절의 한 가닥은 마을 동쪽
들녘 끝을 휘돌아나가는 민둥산에 가 있었다
왜 민둥산이었는지 그것에는 관심이 없었다
봄이면 봄인 대로 여름이면
여름인 대로 사계절 친구처럼 다감했던 민둥산
그 민둥산 등허리에 보름 저녁이면
뽀얗게 영근 둥근달이
만삭의 얼굴을 내밀고 솟구쳐 올랐다

어느 날이었다
그 뽀얀 것이 너무 예뻤다
온 동네가 밝아서 좋았다 넉넉한 미소가
어머니처럼 정다웠다
지금도 그때 같았으면 하고 혼자 물을 때가 많다
참 아름다운 사람들 많이 살았지
윗마을 아랫마을도 있었지
가을 원두막에 늙은 호박이 통째 익어 가면
추석이 가까운 줄 알았다
어젯밤이었다, 창밖을 내다보니 민둥산은 없고

한가위 보름달만 아파트 높은 상공에서
나를 찾고 있었다 나의 유년을 비추고 있었다
왜 민둥산이었는지 말해주었다
일제 승냥이들이 전쟁을 앞세워 벌목하고 잡아가고
수탈해 간 것을 알았다 왜 보름달이
민둥산을 만나면 그렇게 솟구쳤는지도 알았다.

설해목

오늘 아침 이발소에 갔다가
설해목이 있는 거울 앞에 가 앉았다
머리 뒤에 걸린 설해목이 유난히 크게 다가왔다
엄동설한의 천년 한은 다 어디 가고
푸른 나무숲 덩굴을 데리고 어미 솟대처럼 서 있다
언제나 그랬듯이 낯선 듯하면서도
마을 끝집 같은 설해목의 말 없음에 이끌려
나는 다시 설해목을 검색해보았다
설해목은 설해목인데 눈 오는 바람 크기가 달랐을까
한쪽은 힘껏 껴안아 팔을 부러뜨리고
또 한쪽은 장국밥에 소주 한 병 말아 치우는*
그러면 어쩌고 아니면 어쩌랴 싶다가도
온몸이 핏기 없이 말라버린 어느 날의 어머니처럼
나는 낯설어서 슬펐다 그리워서 참았다

이발을 마치고 나오다가 나는
문득 분재들이 있는 창가에 가 앉았다
내 키의 절반은 됨직한 귤나무 분재며 바위섬을
빼닮은 바다의 소녀 같은 까만 석란의 집

이름 모를 사막식물도 한몫하고 있었다
옛날엔 지천이던 맹감나무가 어쩜 저리 그립도록 귀여울까
설해목은 아직도 초록빛 동산이 그리워서
그리워서 절구통에 떨어진 어머니의 추억처럼
별빛 그리움으로 살고 있나 보다
오늘도 이발사 부부는 희끗한 연륜을 머리에 두른 채
그리워서 하늘처럼 설해목을 가꾸나 보다
천년 한의 어머니 같은 설해목을…….

* 정호승, 곽재구 시인의 「설해목」에서 인용.

사랑아

냇가에 앉으면
파릇한 것
물방울 튕기며 뛰어오르는 것
눈을 주면 저만큼서 다시 반짝이며 호응하는 것
그러다가 부스러지는 것
돌아보면 무엇으로도 담아낼 수 없는
한없이 영롱한 것

사랑아
어느 봄날에.

비 그친 아침햇살

완도 명사십리 파도 소리 같다
발가락에 스며드는 은빛 모래알 소리

이 세상 가장 먼 곳에서 달려와
발부리에 부서지는 아침 파도 소리

메마른 가지에 속가지 깊은 곳에
영혼처럼 파고드는 아침햇살
선명한 물방울들이 빈 나뭇가지에 뭉쳐있다

하늘의 지혜가 온 바다에
내려선
찬란함의 고요

한 사흘 굶어도
괜찮을 빛 좋은 아침 바다다.

붉은 저녁노을

처음엔 해맑은 소년의 모습이었다가
다시 보면 우람한 중장년의 모습이기도 하다가
끝내는 만년설을 바라보는 아름다운
황혼의
모습이었다가

노을 밭에 서 있는 너와 나
해 저문 들녘 방랑자였다가 붉은 수수밭이었다가
하나의 어깨로 서 있는
두 그림자

뜨거운 불길 다 토해놓고
무명의 이름으로 누워있네 지평으로 돌아가 있네
하나였다가 둘이었다가 다시 하나로 가 있는
끝없는 사랑의 노래여
통 큰 노을의 수수밭이여.

어느 날의 일기

누군들 울어보지 않았으랴
풀잎 이슬에 젖어보지 않았으랴

울고 나면
그래도 시원한 것을

풀잎 끝에 맺힌 한 방울 이슬의 연유를 생각다가
절간 뒤뜰에 떨어진 한 잎 낙엽의 두께를 뒤집어보다가

뒷문으로 나가 울었네
산을 앞에 두고 뒷문처럼 울었네

방장산 안골이 아무리 깊다 한들
사람 사는 시장바닥보다 더 깊으랴 싶다가도

살다보면 뒤꿈치 헐은 아픔 껴안고 가는 것을
산마루 끝에 잠시 짐 풀고 앉았다 떠나는 것을.

원두막

1.
진수야. 오늘
아빠랑
원두막에 갈까
하늘공원에도 원두막이 있거든
그럼
나도 하늘 가게
아니야, 그게 아니고
나비랑 메뚜기랑 코스모스랑 그런 거 다 있거든
메뚜기가 뭔데…?

2.
한 아이가 원두막이 보이는 개울에서 물장난을 치다가 아예 물 바닥으로 뛰어들어 갈대숲 사이로 헤엄치며 가고 있다. 고놈 참 하면서도 반쯤 웃어넘기며 추어주던 동네 어르신들. 두루미 한 마리 날아와 들녘 논두렁에 앉는다.

돌아보면 모서리가 다 닳아진 흑백사진처럼 가슴 안에 내장된 그림 한 장이 거기 있다. 원두막에 올라 바라보던 아버지의 먼 하늘 청명한 그곳. 아버지의 아버지가 자라고 공부하던 가

난한 시절의 그때 그 아이가 도심의 저녁 거리를 가고 있을 때 누군가 붉은 원두막에 올라 저문 하늘을 바라보고 있다.

감나무

시골집 감나무가 많이 쇠락해 보였다
내 일곱 살 때 아버지가 심어놓은 단감나무다
아버지에 대한 기억은 먼 별자리처럼
까마득한 하늘로 비껴가고 없지만 그리움의
공허도 함께 가고 없지만
마당 텃밭에 심어놓은 단감나무는
잃어버린 많은 것을 기억하게 해주고 있다
무슨 바람이 불었던지 고1 때 나도
아버지 단감나무 옆에 감나무 한 그루를 심었다
그것이 많은 세월을 거치면서도
탈 없이 잘 자라주었다

지지난 해였다 철 지난
가을 녘 모처럼 시골집을 찾았다가
너무도 황당한 일을 당했다
아버지가 심어놓은 단감나무가 형체도 없이
베어져 나가고 내가 심어놓은
돌감나무만 일곱 살 먼 하늘에 외롭도록 서 있었다
형이고 조카들이 다 떠나고 없는 빈집에

찾아가볼 구실은 갈수록 공허해지고 있지만
어머니의 슬픈 황혼이 배어있는 바닷길 옛집이
그리울 때면 나도 모르게
나그네처럼 고향집을 찾아보곤 한다.

어떤 사춘기

그때 달 밝았을 때
달 보고 괜히 눈물 흘렸을 때

그때가 좋았나 보다

밝아서 좋고 어머니가 집에 있어서 좋고
온 동네가 하나같이 순한 사람들

그때가 참 좋았나 보다.

고추를 말리다

고추를 말리는 두 여자
도시 속 아파트 여자

고추를 말린다
붉은 폴로티를 입은 여자와 민소매 옷을 걸친
두 여자가 가을풍경 같다

지금은 말린 고추 옆에서
통 넓은 반바지를 말아 올렸다 폈다하며
세상을 이야기하는 중이다

첫물에 따 보낸 여름고추가 산골
뙤약볕 어머니와 함께 밀려와서는 속절없이 늙고
휘어진 손등이 그녀를 울린다

고추를 말리는 두 여자
도시 속 아파트 여자가 자리에 없다.

바람꽃

애기티를 벗지 못한

하얀 바람꽃이

아무도 가보지 않은 첫길처럼 너무 예쁘다

어느 초여름 그녀의 창문처럼

2층 빨래처럼.

그럼에도

이름이 서로 다른 마을 입구에 한 그루 정자나무로 서 있거나 갯냄새 자욱한 선착장에서 빨갛게 익어가는 바다를 바라보며 누군가를 기다리는 아낙처럼 몰라보게 변해 있을…, 그럼에도 나는 가끔 생각했다 덮어두지 않았다 말은 닿지 않아도 삶의 어딘가에 자리하고 있을 친구 같은 그네들 나무들, 저마다 바닷길 재촉하며 새벽이면 기동하는 발동선처럼 가슴 파닥이며 있을 그네들.

금요일 오후면 도서관 넓은 홀 한쪽에서 앳된 작품 풀어놓고 서로를 격려하며 우정을 키워가던 차은숙 김효자 김예순 박영례 이영화…… 그리고 안종수 선생님. 버들길 정원에 시화(詩畵) 걸어놓고 하나같이 부풀던 그곳. 돌아보면 잊은 듯 잊지 못하는 긴 세월의 파도를 넘어 바람개비처럼 달려온 아득한 항해 길, 그 항해 길 너머 삼학도 갓바위 노적봉 그리고 보석처럼 펼쳐진 다도해의 저녁노을, 그래서 우리는 아직도 꿈꾸는 문학지망생.

수만리*

수만리를 보고 싶으면
만연산 고개로 오게
한창 물올라 천지가 뒤섞여 있네
산을 보고 계곡을 내려 봐도 모두가 한통속이네
천상이 따로 없네
정녕 여기가 천상인갑네
알프스라더니
수만리가 그림목장일세.

* 전남 화순군 화순읍 수만리.

3

가을 나무

밤새 잠을 설쳤나보다
얼굴이 노랗다
긴 겨울 속으로 몸을 낮추며 하강하는 소리
서로 껴안는 소리
들리지 않는다 보이지 않는다
이따금씩 문 밖으로 걸어 나왔다가 다시 돌아가는 소리
보이지 않는 문 속으로 짐 들고 들어가는 소리
모두가 노랗다 빨갛게 변했다
숨죽이고 있으면
옛날 논두렁 타는 냄새처럼 토닥토닥
느티나무 타는 소리가 들린다
가을이 가는 소린가 보다.

별

요즘 통 별을 볼 수가 없다
다른 사람도 그럴까
내 언덕진 가슴에 둥지를 틀고 살던 그 별이
깊은 밤 멍석에 누워 한없이
바라보던 멀고 눈물겹던 그 별이
도시로 이사 온 후 토라진 소녀처럼 영 나타나지 않는다
내 무심한 눈을 피해 저만의 곳으로 가고 말았을까
별을 잊고 산다는 것이 너무 부끄럽다
별에게 부끄럽고
별과 함께 떠나버린 친구들이 그립고
별을 잃은 나에게 부끄럽다.

그리운 파도 소리

도심의 산자락 한 초등학교 앞을 지나다가
문득 잃어버린 파란 하늘을 보았습니다
지난 5월 어느 날이었지요
가던 길 돌아와 그 하늘을 다시 확인해 보았습니다
'학생들과 함께 손잡고 통일을 이야기하겠습니다'
너무도 순박한 우리말의 펄렁임이 선명한 두 글자가
슬픈 그리움으로 진하게 다가와서는
교문 앞에 파란 하늘로
한참이나 나를 세워두는 것이었습니다
너무 멀리 돌아온 바람개비의 슬픈 외침이었습니다
모퉁이를 돌아가는 담쟁이 넝쿨도 파랬습니다
그리운 고향의 파도 소리가 가슴의 둑을 무너뜨리고
일시에 밀려오는 것이었습니다
그리고는 모두를 제자리에 세우는 것이었습니다
고향의 파도 소리처럼 말입니다.

둘이서

둘이서 걸었네 밤낮없이 걸었네
건넜던 다리는 정자나무 밑에 벤치처럼 혼자 남아있네
돌아보면 보이네 그것이 슬픔 같기도 하고
쏟아내지 못한 눈물 같기도 하네
마을 입구에 파란 풀꽃으로 피어 있다가 유월 장마에
맥없이 떠밀리기도 하다가
둘이서 걸었네 밤낮없이 걸었네
밤이면 누군가는 소리 없이 울다가 기척 없이 나갔다가
꿈꾸는 별처럼 따로따로 잠들었지
둘이서 서로를 보고 그 서로를 다시 보면
너무 멀리 걸어서 서로가 안쓰러워 자리를 비껴주네
아침이면 차를 마시다가 농담을 건네다가
둘이서 걸어온 길을 밥그릇에 담네, 걸어온 먼 길 말고
걸어갈 남은 길을 섞어 담네
서로를 바라보며 눈물처럼 기억하네.

누군가 울고 있다

늦은 밤 집으로
돌아가는 골목길 비좁은 언덕바지에
방범등은 나가고
누군가 울고 있다

밤이 너무 낯설어서 누군가가
그리워서 한 번쯤 밤새워 울고 싶을 때
술꾼도 아닌 40대 가장은
술에 취해 못난 그리움에 취해 몸을
가늠하지 못한다

수많은 별들과 불빛 사이
내 영혼을 채울 곳은 어디에도 없다

누군가 울고 있다
늦은 밤 골목길 그 언덕바지가 그리워서
고장난 방범등이 어머니처럼
그리워서 울고 있다.

풍덩

한 번은 풍덩 빠졌으면 싶다
울돌목 물살 빠른 그 엄중한 해역을 지나
북상하는 돌고래 떼처럼
한껏 무리지어 솟아올랐다가 칠산바다
툭 트인 황홀 속으로
풍덩 빠졌으면 싶다

서해 밤바다
먼 고기잡이 불빛처럼 끝없이
펼쳐진 김제 만경 들녘
각설이 팔푼이 허수아비 품바들 남도타령에
배꼽 잡고 춤추던 우리의 해학들
슬픈 삶의 노래들

이것저것 눈에 익거나
가슴 저린 모든 것 다 모아서
두만강 건너 연변 하늘 끝까지 우리말을 쓰는
칡뿌리 산촌마을까지

한 번 날았으면 싶다
날아가서 강강술래 강강수월래* 함께
노래하고 춤추며
풍덩풍덩 빠졌으면 싶다.

* 강강수월래(强羌水越來)는 강강술래의 한자식 표기로 강한 오랑캐가 물을 건너온다는 뜻임.

역사(歷史) 그리기

우리의 끝자락 신의주나 온성을 가려면
개성이나 원산을 경유했지
기찻길은 8·15광복이나 6·25분단의 세월보다
그 세월의 아픔보다 훨씬 멀고 까마득한
일제강점기 때의 일이였지

그때였지
침 바른 몽당연필로 꾹꾹 눌러 그렸지
마분지 공책이 뚫어지도록 우리의 역사를 그렸지
가늘고 긴 사다리 줄 같은 기찻길을 말이지
새벽녘 보리 주먹밥을 책보처럼 둘러매고
열두 살 꼬마는 기찻길을 그렸지

초록빛 눈동자가 언덕길을 넘을 때
창밖으로 해말간 들판이 자꾸자꾸 지나치며 있을 때
버드나무 냇가에 하염없이 눈물 흘리던 어미 소는
먼발치로 어린 송아지를 바라보며 있었을까
어쩌면 그런 날이 그리울까
그리워서 냇물은 혼자 흘렀을까

언제적 일일까 얼마나 됐을까
서남해의 기점인 목포에서 우리의 끝자락
신의주나 온성을 가려면 개성이나 원산을 경유했지
보리 주먹밥을 책보처럼 둘러매고
기약 없이 떠나는 어린 꼬마는 냇가 버드나무가
얼마나 그리웠을까
그리워서 혼자 그렸을까.

가을비

우산 없이 나섰다가
가을비에 젖는다

키 큰 나무숲 우듬지에서 우두둑 떨어지는 빗방울 소리
가을비에 젖어보는 거 그것도 괜찮다

태풍전야의 고요처럼
짜릿한 긴장이 온몸에 안긴다

우산 없이 나왔다가
혼자인 처음의 나를 보았다.

풀꽃, 1935년생

강변 산자락을 모퉁이에 두고
떠나지 못하는 물새가 있다

그 물새,
바다로 떠난 친구들이 그리울 때면
벼랑 끝에 올라 노을 밖으로 사라지는 저녁해를
까만 흑점처럼 뒤쫓아 간다

아무도 가보지 않은 그 황홀의 끝
눈 덮인 설원을 향해 혼자서 찾아가는 사내가 있다

가슴팍을 파다가
파다가 다시 메우는 두더지처럼 밤의 빈칸을 헤집다가
아침이면 깨어나
깅바람에 휘둘리는 풀꽃, 그 사내

강변을 산자락 모퉁이에 두고
떠나지 못하는 물새가 있다.

무등산

듬직해서 말이 없다
여기저기 돌아보지 않는다

가슴골이 깊어 함부로
내뱉거나
휘둘리지 않는다

거리마다 골목길마다 있어서는 안 될
피비린 살육을 소리 없는 함성을 가감 없이
보고 자란 너와 나

보아라,
저 무등(無等)을

아픔에서 깨어나 다시 우리 앞에 선
의로운 친구 다정한 저 봉우리를.

오늘처럼

오늘처럼 가을비가 내리는 날은
갈 데가 있다
광천사 뒤뜰에 가서
비에 젖은 낙엽을 줍는 일이다

빨갛게 물든 단풍잎을
아기 손처럼 생긴 작은 손바닥의 아름다움을
가슴에 안듯 품어보는 일이다

따뜻하다
예쁘다

보글보글 향기가 피어오른다
피어오르다가 사라진다 어디로 가는 것일까
오늘처럼
가을비가 내리는 날은
늙은 고목나무가 한없이 아름답다.

신발

놓아주고 싶다
그것은 분실이 아니라 버스 종점에
누군가
그냥 놓고 온 것이다

비 온 날의 이별이거나
젖은 타인처럼

여정의 종점에 유기된 한 켤레의 사유가
세상 구석구석을 헤엄치다가 다 닳아서 돌아올 때까지
자정을 넘어 토닥거리는 불씨처럼
누군가는
그렇게 기다리며 있겠지

닳아진 신발,
사람들은
그것을 굳이 고단한 사유의 여정이거나
해넘이의 해체처럼
아름다운 소멸의 순환으로 보지 않고

누군가
밤의 빈자리에 놓고 간 삶의
고뇌로 여기겠지.

산을 내려왔다

산을 내려왔다
산은 많은 것을 나에게 주는데
나는 아무리 생각해도 산에게 준 것이 없다
산은 나무숲만큼의 깊이로 언제나 고요했고
나뭇잎 가지 사이로는
늘 청빈한 햇살이 나에게 들어왔다

산을 내려왔다
한 소녀가 강아지를 앞세우고 가고 있다
집에서 풀려나온 강아지는
여기저기 코를 찍어댔다가 뒤쪽 다리를 치켜 올렸다가
여간 즐거운 것이 아닌 모양이다
집을 나온 사소한 산책이 강아지에게는
하늘이 열린 만큼이나 즐거웠을까

산을 내려왔다
산은 많은 것을 나에게 주는데
나는 정작 산의 아픔에 대해 모르는 것이 너무 많다
돌아보면 우리의 산하는 아직도

잠재적 포성 속에 묶인 채 서로를 응시하며
강 건너 초소처럼
말을 잃고 있으니 말이다.

산사(山寺)

항상 거기 있다
가다가 돌아올 뿐이다

산이여
내
작은
발뒤꿈치여

가난한 이는 목마르고
깊은 물길은 산을 적시며 내려온다

당신은
항상 거기 있다.

생각하는 갈대

갈대가 바람 끝에 와 있다
달빛 시린 새벽이면 갈대는 바람을 안고 운다

한 줄기 달빛이 움막집 문을 부수고
들어와 실랑이를 벌인다

갈대가
움막
밖에 나와 있다

남십자성을 찾다가 울며 돌아간다
젊은 갈대가 갈 데가 없다.

노을 생각

노을 따라 갈 수 없을까
알게 모르게 들를 곳 다 들르고 지울 것
다 지워놓고 노을처럼 산 넘어 갈 수는 없을까
다릿심이 풀리면 잠시 쉬었다가
풀림이 돌아오면 노을빛 따라 다시 걷다가
꼭 그 산장이 아니더라도 있기만 있으면 얼마나 좋을까
산장 주인은 어떤 얼굴을 하고 있을까
지금도 문밖에 나와 초승달처럼 웃고 있을까
노을처럼 갈 수는 없을까
산골 마을에 밥 연기 피어오르듯
그렇게 갈 수 없을까.

조락(凋落)

조락하는 것은 아름답다
한창 조락 중에 있거나 조락을 준비하고 있거나
아니면 이미 조락해 있는 것까지도
어찌 다 아름답지 않으랴
조락하는 것은 순차가 있음이 아니라
예고 없이 왔다가 예고 없이 떠남이 더 경이롭지 않던가
조락 속에 끼어 있다 보면 아름다운 것들
조락하지 않는 것이 어디 있던가
강가에 나가 가을의 오후와 함께 있으면
아름다운 새털구름까지도 조락과 함께 가고 있음을
조락은 크나큰 지구의 균형을 잡으면서
앞서거니 뒤서거니 그렇게 가고 있음이 아니던가
조락의 경계 밖에서 조락을 보고 있으면
모두가 아름다운 것을
아름다움과 함께 가고 있음을.

노숙자

백지가 되려다가
백치(白痴)가 되었다는 밤의 노숙자
겨울이면 두고 온 식구들이 빈 나뭇가지처럼 흔들어대도
바람 소리뿐 가진 것이 없다고
혼자서 별을 보는 남자
아쉽지만 어쩌랴
빈 가슴에도 남몰래 뜨는 북극성 그 먼 별자리
세상은 그렇게 가고 있는 것을.

단풍

단풍과 단풍잎 사이에서 간헐적으로 오간 은밀한 이야기가 조금씩 세상 밖으로 새어나오더니 외딴집과 개천 사이에서 부연 연기가 유난하게 피어오르며 가을 물줄기가 깊은 골짜기 쪽으로 이동하는 양상을 보이더니, 누군가 짧은 바지에 긴 붓대를 들고 단풍과 단풍잎 사이의 이야기를 엿들으며 하나하나 차근히 바라보거나 그리기 시작하더니, 옛날 우리 하던 방식대로 손을 놓고 넋을 뺀 채 우두커니 하늘을 우러르는 것이 아닌가. 그러다간 백암산 계곡 따라 뒤뚱뒤뚱 어깨춤을 추며 한참을 내려오더니 쌍계루* 물그림자 앞에 이르러 또 한 번 손을 놓고 넋을 빼고 있는 것이 모두 제철을 맞은 탓이려니 하다가도 단풍과 단풍잎 사이의 소리 없는 이야기에 끼다보면 어느덧 깊은 덫에 걸려 세상이 모두 단풍잎인 걸 어찌하겠는가.

* 백양사 쌍계루(雙溪樓).

가을 뜨락에

가을 뜨락에

벌레 먹은 엽서 시 한 편 남겨놓고

멀리 떠나는 소리

그리운 사람 동구 밖 돌아나가는 소리

빈집 계단엔 고요 소리 말고는

아무도 없는데

누굴까 자꾸 그리워지면서

멀어진다.

4

가방의 무게

학원에 가나보다
예닐곱 됐을까

방한 마스크에 벙어리장갑에 한 짐 책가방에
뒤도 보지 않고 투덜투덜 가고 있다

돌멩이라도 한번 차버릴 것만 같은데
영 걸음새가 머슴애 같지 않다

첫눈이 흩날리는 날
괜히 오기가 난 모양이다.

입동

동장군이 노란 봉투를 들고

막사를 나오고 있다

출근하나 보다

건물들도 두툼한 옷으로 갈아입고 있다

사람들이 겨울바다 같다.

낙엽을 쓸다

경비실 아저씨가 낙엽을 쓴다

쓸어도 모이고 쓸어도 모이는 12월의 아침

출근하고 나면 반쯤 남아있는

자동차 사이를 술래잡기하듯 빗질을 한다

아파트 상층에서 내려다본 까마득한 거리를

쓸고 또 쓸고 나면

초겨울 아침도 반쯤 가고 만다.

첫눈 내리던 날

첫눈 내리던 날
새벽달은 구름 속에 숨어 울었다

깊은 산골짜기
그녀의 집
소리 없이 무너지고

긴 발자국이 남기고 간 붉은 흙터가
저만의 아픔으로 흩날리고 있다

처음으로 울어보는
고독한 밤의 소리 그 진한 허적(虛寂)의 소리
깊은 산간에
첫눈 내리는 소리.

목포 사람들

목포 사람들은 안다
밖에 나가 있어도 알 것은 다 안다
한사리 물때면 바다쪽 별이 유난히 빛나던 곳
소설가 박화성 선생과
청천 김진섭 선생이 생각난다

죽교동 유달동 오거리
소풍 때면 생각나는 삼학도 갓바위 고하도
목포 사람들은 다 안다
극작가 차범석 선생과 비평문학의 새별 김현 선생
그리고 김지하 최하림 시인에 이르기까지
반골의 향수가 묻어나는 곳—,
유달산 노적봉에 오르면 먼 유라시아를 잇는
새벽달 같은 시 한 편의 그리움
가수 이난영 선생과
영원히 잠들지 않은 겨레의 꿈 그 아픔
큰 별 생각이 난다.

초막 · 1

가슴에 묻은 초막집
한 채 있었지요
어쩌다 고교시절부터 버리지 못한
자그만 초막

거기에도 사랑은 있고
배신할 수 없는 젊음이 있었지요

바람 부는 다락에 누워 노래했지요
노랫말은 잊었지만 남몰래 흐르는 눈물 같은
그런 거 아니겠어요
별빛은 어찌 그리 푸르기만 했게요
생각하면 바다로 가는
뗏목여행 같은 그런 거겠지요

멀리서 초막이 손을 흔들며 있었지요
아주 멀리서 말예요
다 펴지 못한 산꽃처럼 웃으면서 말예요
그런데 초막이 어느새 물안개에 싸였지 뭐예요

돌아보니 안개 뒤쪽에서 누군가가
빙그레 웃으며 있었지요
아, 하고 나는 소리쳤지요

내게도 엉성한
초막집 한 채 있었지요.

초막 · 2

산길을 가다 보면
산이 말하는 숲속으로 쭉 들어서다 보면
누군가 살다 떠난 좁다란 길
차고 험한 길

해 저문 암벽 위에 올라서 보면
멀리 초막 하나 보일까
작은 방 하나 거기 있을까

장작불 피어놓고 온몸 불사른
아, 그 불길
나무를 태우고 나를 태우고 받은 것 다 태우고
돌아보면 다시 피어오른
아득한 그곳

아침이면 주인 잃은 산꽃이
허술한 문밖에 나와 주인이듯 눈을 주는
바람 소리 같은
투박한 나무의자 같은

그 너머 그 산 너머
수령을 알 수 없는 소나무 한 그루

고독한 영혼처럼 타버린
작은 집, 그 옆에 뒹굴다 멈춘
하얀 등잔 하나.

낯선 달

지금도 억새밭 언덕에 살고 있을까
고개 하나 넘으면 있을 그곳
내 너무 무심해 먼 바다 구름처럼 떠돌며 있다가
안부 한 번 전하지 못했네
손가락이 굵은 내 누이 같은 달

어렵던 시절에 루앙에서 학위를 하고
피아골 달빛 같은 시를 쓰고
마음은 언제나 깊은 산사에 가 있는
그래서 절가는 날이면 굳이 창포로 머리감고
연곡사*까지 다녀오는 달
참 낯선 달.

* 지리산 피아골 입구에 있는 절.

뒤늦은 소식

갈 때는 본디 소식이 없음인가
한 자락 바람을 흔들고
어느 하늘 주막집 옆 고적한 산길 풀숲에 내려
멀다면 먼 그곳
밤이슬 데리고 혼자 머묾인가

우리 그때 동문수학하던 때
새벽 강을 건너와 목이 길어 낯설던 친구야
손 한 번 흔들지 못함이 그쪽과 이쪽의 지극한 한계던가
소나무 옆에 서길 늘 좋아하던
시문학 친구
학 따라 감인가.

바위섬

몸이 작은 물새가 가던 길 멈추고
바위섬에 내려와 가만 살붙이고 앉는다
바다는 노을이 있어 요원할 뿐 말이 없다
바위섬에 뿌리 내리고 만고풍상을 살아온 나무들
나무는 밤의 고독을 말하지 않는다
집이 없는 물새는 오늘도 노을 속 하늘을 날고 있다
바윗돌을 쪼아댄 새의 부리가 많이 망가져 있다
물새는 오늘도 내일도 아닌 어느 날 바위섬을 떠나고
바위섬은 다시 물새의 마중물이 될 것이다
바다인지 하늘인지 모르는 신비로운 갈림길에서
떠나온 길로 다시 돌아가는 일몰처럼
나는 물새의 눈물을
하늘 밖으로 바라보며 있었다.

아무리 생각해도

아무리 생각해도 내 얼굴이 아니다
눈 씻고 다시 보면 분명 내 얼굴이기도 하다가
안에서 길어 올린 까마득함이
그 초조한 숨바꼭질이 나도 모르게
내 얼굴을 바꿔놓았다
꽃이었다가 삶의 이유였다가 끝내는 꽃진 자리
그 허허한 들판이 내 얼굴 전체를 덮으며
산그림자처럼 퍼져나간다
아무리 생각해도 그것은 내 얼굴이 아니다
들길 어딘가에 피어있던 그 풀꽃이 아니다
꽃이었다가 사라진 자리
언젠가는 거기 있어야 할 자리
그 푸석한 자리가 오늘은 나도 모르게
황홀한 노을처럼 행복하다
아무리 생각해도 내 얼굴이 아니다.

독도

너무 멀리 가 있다
아침을 향해 바다와 같이 있다

우리의 끝 독도

한 번은 가보고 싶다 가서
우리의 서울을 되돌아보고 싶다

광화문거리에 풀려나온 촛불들
섬과 섬들 끝없이 출렁이며
파도치던 곳—

처음엔
아무도 없었다

바다와 하늘뿐인 그곳
새하얀 별들이 우주의 시원처럼 쏟아져 내려도
끝없는 밤을 향해 눈을 감았다

한 번은 가보고 싶다
가서 하나뿐인 우리의 고국을 바라보고 싶다
처음부터 하나인 우리의 땅
고국 말이다.

가을 나비

폐선 철길을 걷다가 우연히
가을 나비를 만났다

신기했다

가고 없어야 할 곳에
남아있는
가을 나비
너무 애처로웠다

일 센티 남짓한 작은 나비가
아무도 없는 철길 덤불에서 두 날개를 아주 잘게
그것도 쉴 새 없이 폈다 오므렸다 하며
가을과 이야기하고 있었다

한 발짝만 더 날아도
파란 달개비꽃이 가을 햇빛을 만끽하고 있는데
너무 안타까웠다

나는 달개비 옆에 가서 무릎을 꿇었다
그리고 웃었다 달개비가 썩 달가워하지 않았다
가을이 저만큼 가고 있었다.

먼지의 추억

검문소 앞에 먼지가 인다

차가 멈추고 거수경례하는 손등이 까맣다

일몰의 색깔도 나름이지만

부대 앞에서 바라본 일몰이 눈물겹도록 장관이다

어깨 위에 먼지와 일몰이

잠시 추억처럼 앉았다 사라진다.

산에 살다

그것은
외로움이 아니라
기다림이다

나뭇잎이 펄렁이며
떨어지는 것은 가을이라서가 아니라
가을을 기다리는 밤의 언어가
너무 차서
혼자 지는 소리다

그것은
기다림이 아니라
그리움이다.

풀포기

아픔이 묻힌 곁에
가버린 세월 만큼의 풀포기 돋아나고
그 풀포기 위에 밤이면 별들이 내려와 놀았지
어느 별은 친구의 팔베개가 되고
어느 별은 누워서 친구의 눈썹을 그렸지
그리움을 그렸지

우리들이 주고받은
편지 글 속에는 친구라는 말보다
아무개 형이라는 말을 낯선 순수처럼 더 많이 썼지
멀리 있어 그립거나 고독해서
해맑았을 우리들의 향수를 그렇게 썼지
졸업 후에도 쭉 그랬지.

공산성 옛길

금강 곰나루에 나가
옛 소나무 우거진 촘촘한 모랫둑에 서면
하늘은 왜 그리 푸르렀을까

우리 모두 그랬지 푸르도록 아팠지
그래서 공산성 옛길 돌고 돌아 굽이진 성터에 오르면
뻐꾸기는 또 왜 그리 울었는지
영은사 목탁소리 울창한 숲 골짜기에 울려 퍼지면
풋풋한 친구들 시 보따리 들고 모여들었지
그런 일 있었지

얼마나 됐을까 얼마나 흘렀을까
귀밑머리 하얀 친구가 남북으로 갈라진 세월보다
그 세월의 깊이보다 더 먼 공산성 옛길 소나무에 올라
천년 학처럼 손을 젓네
살다보니 그립고 아쉽더라고
손을 흔드네.

오래된 술잔

그것은 희화적이다
밤으로만 열리는 소리거나 불 꺼진 토방
산골 주모가 새벽달처럼 취하고 오줌 누고 간 자리
풀포기 찌든 자리
그런 잔이 아니더라도 누군가는
입술을 멈칫 했겠지
과거길 나섰다가 망신 산 자리
쇠똥벌레 한바탕 웃다가 넘어진 자리
일그러진 입술 자리.

외출

밖에 나갈
핑계가 많아지는 계절이다
눈 오는 선창가 세밀 주점 거리는 아직도
출향인에게는 유효하다

외출에서 돌아오는 밤이면
나는 언제나 머릿속에서 끊어진 탄금 소리가 난다
그래서 집 앞 놀이터에서
한참을 뒹군다

친구는 아직도 산속에 갇혀서
아무리 문자를 보내도 대답이 없다

오늘처럼 눈이 내리는 날은
문간방 입구에 잃어버린 기다림으로
나는 너의
외등을 밝힌다.

| 해설 |

부활 혹은 재생 그 특별한 승화

부활 혹은 재생 그 특별한 승화

정성수(丁成秀)

(시인·한국문인협회 부이사장)

박후식 시집 『당신의 숲』은 지나온 생애의 뜨거움과 서늘함, 그에 대한 시적 부활 혹은 재생의 의미부여에 관한 특별한 감성과 자아성찰의 기록이다. 그것은 말하자면 생의 파노라마 위에 오버랩된 추상적 자화상이라고 말할 수 있다.

자기만의 특수한 영혼의 세계를 들여다보는 지혜의 눈, 절제된 감성과 표현, 수묵화를 보는 듯한 색의 농담과 여백, 환상적 터치에서 솟아나오는 내밀한 신비주의, 순결한 동심과 의연한 달관 사이의 육성 등 그의 시는 오랜 시력을 지닌 시인답게 다양한 모습과 표정을 지니고 있다.

일정한 거리를 두고 사물과 상황을 대하는 절제된 감성과 의연함, 그에 따른 고고한 시적 품격은 그의 또 다른 장점으로 보인다.

다음 시를 살펴보자.

원두막에 올라서면 먼 곳이 보인다

저물어가는 해의 모습이 보이고 가버린 세월이 보이고
처음으로 사랑했던 사람의 얼굴이 보인다

한 번도
사랑이란 말을 못해
더더욱
아름다운 사람
그리운 사람

그 끝엔 마을이 있고
일몰 같은 도랑물이 있었지.

—「먼 곳」 전문

'원두막'은 세상을 내다보는 자아의 가슴 속에서 숨쉬는 영혼의 집이다. 그것은 무너지지도 않고 사라지지도 않는 불멸의 집이다. 제1연에서 화자는 '원두막에 올라서면 먼 곳이 보인다/ 저물어가는 해의 모습이 보이고 가버린 세월이 보이고/ 처음으로 사랑했던 사람의 얼굴이 보인다'라고 진술한다.

과거의 집이자 현재의 집인 '원두막'에서 화자는 '먼 곳, 즉 먼 시간 속의 공간'을 바라본다. '저물어가는 해', '가버린 세월'은 모두 '처음으로 사랑했던 사람'과 함께 나누었던 공간과 시간이다. 그것은 다시는 그 순간의 연인과 함께 현재로 돌아올 수 없는 특별한 추억의 공간이자 시간이다.

제2연에서 화자는 '한 번도/ 사랑이란 말을 못해/ 더더욱/ 아름다운 사람 그리운 사람'이라고 노래한다. 순결한 사랑, 그중에서도 영원히 이별하지 않는 사랑은 짝사랑이다. 그것은 죽는 날까지 불멸의 그리움일 수밖에 없다.

제3연에서 화자는 '그 끝엔 마을이 있고/ 일몰 같은 도랑물이 있었지'라고 지난날을 회상한다. '마을'과 '도랑물'은 '아름다운 사람'이 사는 마을과 그 곁을 흐르는 도랑물…! 심리적으로 영원히 가깝고 현실적으로 영원히 '먼 곳'. 사랑이 맴도는 그곳은 아마도 신비스럽고 환상적인 공간이었으리라.

다음 시를 살펴보자.

친구가 오솔길에 남겨둔 친구만의 글입니다
'오늘도 나는 당신의 숲을 걷고 있습니다.'
나는 친구의 글을 읽는 순간 문득 전율하고 말았습니다
유난히 먼 겨울날의 밤별 같던 아스라한 친구가
나에 대한 경고로 적어놓은 글임을 알기 때문입니다
젊던 시절 논산훈련소에서 첫 만남으로 알게 된
육주간의 희와 비, 사랑과 인내, 젊음과 동경이 오가던
나는 그때 이십대 중반을 조금 넘긴, 정확히는
가진 것이 너무 빈약한 스물여섯 살 때의 일이고
친구는 이십대 중반에 가까이 와 있는
대학 3학년 때의 아주 먼 1960년의 일이었지요
친구는 한 차례 휴학을 하고도 부족해 끝내
군대를 자원했고 나는 다행히 대학을 갓 졸업하고
고등학교 교사로 재직하다 군에 입대하게 되었지요.

친구는 학보로 나는 교보로 인연을 함께 했지만
훈련을 마치고 서로 다른 전선으로 갈라져 헤어졌지요.
그리고는 군영의 달빛처럼 멀기만 했는데
휴가길 어느 가을날 버스 휴게소 화장실에서 우연히도
정말 우연히도 잠시잠깐 부둥켜안고 등을 두드렸는데
지금은 팔십을 넘긴 너무도 긴 다리를 넘고 와보니
세상이 너무도 인정머리 없이 변화만 거듭할 뿐
경기도 어디선가 목사로 퇴임했다는 어설픈 소식 너머로
세상 따라 골목길 물정 따라 다 잊고 살았음인데
'오늘도 나는 당신의 숲을 걷고 있습니다.' 란
친구의 귀엣말이 혼의 깊은 곳에 간절히 다가와서는
강물아 세월아 하고
아프도록 가슴을 흔들어놓고 가네요.

—「당신의 숲」 전문

군대 훈련소 친구와의 오래된 우정의 기록을 산문적 스타일로 쉽고 담담하고 따뜻하게 진술함으로써 오히려 진솔한 시적 호소력을 발휘한다. 연 구분을 하지 않고 전체 1연으로 숨가쁘게 시를 펼쳐나감으로써 시적 정서와 의미의 분열을 미리 차단한다

'오늘도 나는 당신의 숲을 걷고 있습니다' 친구가 오솔길에 남긴 경고문. 그 경고문을 읽고 화자는 전율한다. 충격적인 그 경고문이 무슨 의미를 내포하고 있는지 구체적 상황은 표현되어 있지 않다. 그러나 적어도 서로 영혼의 소통이 잘 되는 친구만이 지적할 수 있는 특별하고도 적절한 충고였으리라.

'경기도 어디선가 목사로 퇴임했다는 어설픈 소식 너머로/ 세상 따라 골목길 물정 따라 다 잊고 살았음인데/ '오늘도 나는 당신의 숲을 걷고 있습니다.'란/ 친구의 귀엣말이 혼의 깊은 곳에 간절히 다가와서는/ 강물아 세월아 하고/ 아프도록 가슴을 흔들어 놓고 가네요.'

팔십이 넘은 지금 이 순간에도 친구의 경고문이 '강물아 세월아 하고/ 아프도록 가슴을 흔들어 놓'고 있다.

다음 시를 살펴보자.

도심의 산자락 한 초등학교 앞을 지나다가
문득 잃어버린 파란 하늘을 보았습니다
지난 5월 어느 날이었지요
가던 길 돌아와 그 하늘을 다시 확인해 보았습니다
'학생들과 함께 손잡고 통일을 이야기하겠습니다'
너무도 순박한 우리말의 펄렁임이 그 선명한 두 글자가
슬픈 그리움으로 진하게 다가와서는
교문 앞에 파란 하늘로
한참이나 나를 세워두는 것이었습니다
너무 멀리 돌아온 바람개비의 슬픈 외침이었습니다
모퉁이를 돌아가는 담쟁이 넝쿨도 파랬습니다
그리운 고향의 파도 소리가 가슴의 둑을 무너뜨리고
일시에 밀려오는 것이었습니다
그리고는 모두를 제자리에 세우는 것이었습니다
고향의 파도 소리처럼 말입니다.

—「그리운 파도소리」 전문

나이 들어서 어느 날 '도심의 산자락 한 초등학교 앞을 지나다가/ 문득 잃어버린 파란 하늘을 보았습니다/ 지난 5월 어느 날이었지요/ 가던 길 돌아와 그 하늘을 다시 확인해 보았습니다/ '학생들과 함께 손잡고 통일을 이야기하겠습니다'/ 너무도 순박한 우리말의 펄럭임이 그 선명한 두 글자가/ 슬픈 그리움으로 진하게 다가와서는/ 교문 앞에 파란 하늘로/ 한참이나 나를 세워두는 것이었습니다.'

거대담론의 하나인 '통일'을 마치 슬쩍 지나가는 말처럼 초등학교 현수막을 통해 웅변하는 화자의 세련된 표현법이 신선하다. '그리운 고향의 파도 소리가 가슴의 둑을 무너뜨리고/ 일시에 밀려오는 것이었습니다'

어린 시절 '고향의 파도 소리', 그것은 오래 전 추억 속의 주제, 즉 '통일', 그러나 화자가 나이 들어가는 지금도 어린 날의 추억과 함께 '남북통일'은 여전히 제자리걸음……! 단순한 동화적 추억이 아닌 추억의 주제화가 신선하게 다가온다.

다음 시를 살펴보자.

둘이서 걸었네 밤낮없이 걸었네
건넜던 다리는 정자나무 밑에 벤치처럼 혼자 남아있네
돌아보면 보이네 그것이 슬픔 같기도 하고
쏟아내지 못한 눈물 같기도 하네
마을 입구에 파란 풀꽃으로 피어 있다가 유월 장마에
맥없이 떠밀리기도 하다가
둘이서 걸었네 밤낮없이 걸었네

밤이면 누군가는 소리 없이 울다가 기척 없이 나갔다가
꿈꾸는 별처럼 따로따로 잠들었지
둘이서 서로를 보고 그 서로를 다시 보면
너무 멀리 걸어서 서로가 안쓰러워 자리를 비껴주네
아침이면 차를 마시다가 농담을 건네다가
둘이서 걸어온 길을 밥그릇에 담네, 걸어온 먼 길 말고
걸어갈 남은 길을 섞어 담네
서로를 바라보며 눈물처럼 기억하네.

—「둘이서」 전문

아내와의 오랜 사랑 동행, 삶의 동행, 추억의 동행, 그 기나긴 파노라마를 단순화시켜 승화된 한 편의 서정시로 응축해놓았다.

'둘이서 걸었네 밤낮없이 걸었네/ 건넜던 다리는 정자나무 밑에 벤치처럼 혼자 남아있네/ 돌아보면 보이네 그것이 슬픔 같기도 하고/ 쏟아내지 못한 눈물 같기도 하네'. 둘이 함께 살아온 힘들고 어려운 삶의 과정을 '하나'의 다리로 상징, 그 적막한 쓸쓸함을 '정자나무 밑에 벤치처럼 혼자 남아있네'라고 노래한다.

여기서 더욱 중요한 것은 '돌아보면 보이네 그것이/ 슬픔 같기도 하고/ 쏟아내지 못한 눈물 같기도 하네'라는 구절이다. 살아가면서 알게 모르게 숨겨졌던 혹은 숨겨두었던 여러 가지 사연들, 그것은 '슬픔같기도 하고/ 쏟아내지 못한 눈물 같기도' 한 것이다. 즉 한 마디로 직설적으로 말하자면 그것은 '슬픔'이고 '눈물'이다.

'아침이면 차를 마시다가 농담을 건네다가/ 둘이서 걸어온 길

을 밥그릇에 담네, 걸어온 먼 길 말고/ 걸어갈 남은 길을 섞어 담네/ 서로를 바라보며 눈물처럼 기억하네.'

마지막 부분은 너무 아름답지 않은가. 특히 '둘이서 걸어온 길을 밥그릇에 담네, 걸어온 먼 길 말고/ 걸어갈 남은 길을 섞어 담네/ 서로를 바라보며 눈물처럼 기억하네'는 아내와 화자가 슬픈 과거와 희망적 미래를 현재의 생활 테두리 속에 함께 담아내는 깊고도 따뜻한 지혜의 판타지가 아닐 수 없다.

다음 시를 살펴보자.

우리의 끝자락 신의주나 온성을 가려면
개성이나 원산을 경유했지
기찻길은 8·15광복이나 6·25분단의 세월보다
그 세월의 아픔보다 훨씬 멀고 까마득한
일제강점기 때의 일이었지

그때였지
침 바른 몽당연필로 꾹꾹 눌러 그렸지
마분지 공책이 뚫어지도록 우리의 역사를 그렸지
가늘고 긴 사다리 줄 같은 기찻길을 말이지
새벽녘 보리 주먹밥을 책보처럼 둘러매고
열두 살 꼬마는 기찻길을 그렸지

초록빛 눈동자가 언덕길을 넘을 때
창밖으로 해말간 들판이 자꾸자꾸 지나치며 있을 때

버드나무 냇가에 하염없이 눈물 흘리던 어미 소는
먼발치로 어린 송아지를 바라보며 있었을까
어쩌면 그런 날이 그리울까
그리워서 냇물은 혼자 흘렀을까

언제 적 일일까 얼마나 됐을까
서남해의 기점인 목포에서 우리의 끝자락
신의주나 온성을 가려면 개성이나 원산을 경유했지
보리 주먹밥을 책보처럼 둘러매고
기약 없이 떠나는 어린 꼬마는 냇가 버드나무가
얼마나 그리웠을까
그리워서 혼자 그렸을까.

—「역사(歷史) 그리기」 전문

일제강점기 시절, 나이 어린 화자가 도시락 싸들고 서남해 목포에서 기차를 타고 출발, 개성이나 원산을 거쳐 신의주나 온성을 다니는 그 먼 길은 '침 바른 몽당연필로 꾹꾹 눌러 그렸지/ 마분지 공책이 뚫어지도록 우리의 역사를 그렸지/ 가늘고 긴 사다리 줄 같은 기찻길을 말이지/ 새벽녘 보리 주먹밥을 책보처럼 둘러매고/ 열두 살 꼬마는 기찻길을 그렸지'라고 표현하듯 그때의 행동은 마분지 위에 혹은 어린 가슴 속에 새겨놓은 일종의 '역사(歷史) 그리기'이다.

'초록빛 눈동자가 언덕길을 넘을 때/ 창밖으로 해말간 들판이 자꾸자꾸 지나치며 있을 때/ 버드나무 냇가에 하염없이 눈물 흘리던 어미 소는/ 먼발치로 어린 송아지를 바라보며 있었을까/ 어쩌면 그런 날이 그리울까/ 그리워서 냇물은 혼자 흘렀을까'.

'버드나무 냇가에 하염없이 눈물 흘리던 어미소'는 바로 화자와 작별한 어머니의 모습, '먼발치로 바라보는 어린 송아지'는 화자 자신의 모습이다.

'어쩌면 그런 날이 그리울까/ 그리워서 냇물은 혼자 흘렀을까'는 어머니에 대한 그리움을 극대화시키는 효과적인 기법이자 화법. 이와 대칭되는 마지막 부분, '보리 주먹밥을 책보처럼 둘러매고/ 기약 없이 떠나는 어린 꼬마는 냇가 버드나무가/ 얼마나 그리웠을까/ 그리워서 혼자 그렸을까'라고 즐겁게 뛰어놀던 어린 날의 고향 산천에 대한 무한한 그리움을 노래한다.

다음 시를 살펴보자.

가슴에 묻은 초막집
한 채 있었지요
어쩌다 고교시절부터 버리지 못한
자그만 초막

거기에도 사랑은 있고
배신할 수 없는 젊음이 있었지요

바람 부는 다락에 누워 노래했지요
노랫말은 잊었지만 남몰래 흐르는 눈물 같은
그런 거 아니겠어요

별빛은 어찌 그리 푸르기만 했게요
생각하면 바다로 가는
뗏목여행 같은 그런 거겠지요

멀리서 초막이 손을 흔들며 있었지요
아주 멀리서 말예요
다 펴지 못한 산꽃처럼 웃으면서 말예요
그런데 초막이 어느새 물안개에 싸였지 뭐예요
돌아보니 안개 뒤쪽에서 누군가가
빙그레 웃으며 있었지요
아, 하고 나는 소리쳤지요

내게도 엉성한
초막집 한 채 있었지요.

—「초막·1」 전문

'가슴에 묻은 초막집/ 한 채 있었지요/ 어쩌다 고교시절부터 버리지 못한/ 자그만 초막'이라고 첫 연에서 노래하듯 화자의 고등학생 시절 조그마한 '초막집'에 얽힌 추억 속 사랑이야기이다. '거기에도 사랑은 있고/ 배신할 수 없는 젊음이 있었지요'라는 표현은 '초막' 속에서 펼쳐진 풋풋한 '젊음'과 '사랑'의 밀도가 얼마나 감동적이고 뜨거운 것이었던가를 단적으로 말해준다.

'바람 부는 다락에 누워 노래했지요/ 노랫말은 잊었지만 남몰래 흐르는 눈물 같은/ 그런 거 아니겠어요/ 별빛은 어찌 그리 푸르

기만 했게요/ 생각하면 바다로 가는/ 뗏목여행 같은 그런 거겠지요'

소년답게 낭만적이고 조금은 감상적인 상황 속에서 '별빛은 어찌 그리 푸르기만 했게요'라고 신비적 꿈과 그리움을 노래한다. '바다로 가는 뗏목여행 같은' 미래지향적이고 모험적이고 자신만만한 청춘의 모습이다.

'멀리서 초막이 손을 흔들며 있었지요/ 아주 멀리서 말예요/ 다 펴지 못한 산꽃처럼 웃으면서 말예요'

기억의 저쪽 긴 시간의 저 너머 아득한 추억 속에서 흔들리는 '초막'에서의 사연들……!

'그런데 초막이 어느새 물안개에 싸였지 뭐예요/ 돌아보니 안개 뒤쪽에서 누군가가 빙그레 웃으며 있었지요/ 아, 하고 나는 소리쳤지요.'

아스라한 추억 속 물안개 저쪽 '빙그레 웃는 누군가가'……! 화자는 그만 '아, 하고 소리'칠 수밖에 없었다. 미소의 주인공은 하염없이 설레는 청춘의 시절, 소년 화자가 사랑했던 바로 그 '소녀'가 아니겠는가! 그야말로 일종의 신비주의적 낭만 판타지이다.

이처럼 박후식의 시는 격조있는 고전적 품격 속에서 시적 이미지와 표현과 진술, 그에 따르는 적절한 절제의 미학을 조화롭게 융합 승화시킨 아름다운 서정의 꽃이다.

박후식 시집_ 당신의 숲

초판 인쇄 | 2019년 12월 1일
초판 발행 | 2019년 12월 5일

지 은 이 | 박후식
발 행 인 | 이광복
편집국장 | 김밝은

펴낸곳 | 사단법인 한국문인협회 月刊文學 출판부
주소 | 서울시 양천구 목동서로 225 대한민국예술인센터 1017호
전화 | 02-744-8046~7
팩스 | 02-743-5174
이메일 | klwa95@hanmail.net
등록 | 2011년 3월 11일 제2011-000081호
ISBN 978-89-6138-421-6 03810

값 9,000원